AF459553

1er Février 1899

VENTE

DE MADAME C. WILHELM

BEAU

MOBILIER ANCIEN

OBJETS D'ART

BIJOUX, DIAMANTS

ARGENTERIE

Tableaux, Aquarelles, Pastels

TAPISSERIES

Me G. DUCHESNE
Commissaire-Priseur
6, Rue de Hanovre, 6

M. A. BLOCHE
Expert près la Cour d'appel
28, Rue de Châteaudun, 28

EXEMPLAIRE DE H. STETTINER

CATALOGUE

DU

MOBILIER ANCIEN

ET DE STYLE

DES

OBJETS D'ART

XVIe, XVIIe et XVIIIe Siècle

BIJOUX, DIAMANTS, PERLES ET PIERRES DE COULEUR

des Maisons : MELLERIO, DUMONT, CARTIER, etc.

ARGENTERIE ANCIENNE ET MODERNE

TABLEAUX, AQUARELLES ET PASTELS

de

Cazin, Edouard Detaille, Duez, Dupray,
Eugène Lamy, Le Blant, Jules Lefebvre, Lhermitte,
Madeleine Lemaire, De Neuville, de Penne, P. Pujol, Veyrassat.

ŒUVRES ANCIENNES

attribuées à

LA ROSALBA, TIÉPOLO, VAN LOO, ETC.

APPARTENANT A MADAME C. WILHELM

ET DONT LA VENTE AURA LIEU

HOTEL DROUOT, SALLE No 1

Les Mercredi 1er et Jeudi 2 Février 1899

A DEUX HEURES

Me G. DUCHESNE
Commissaire-Priseur
6, Rue de Hanovre, 6

M. A. BLOCHE
Expert près la Cour d'Appel
28, Rue de Châteaudun, 28

EXPOSITION PUBLIQUE

Le Mardi 31 Janvier 1899

DE 2 HEURES A 6 HEURES

DC5412

CONDITIONS DE LA VENTE

Elle aura lieu *expressément* au comptant.

Les acquéreurs paieront *cinq pour cent* en sus des enchères.

L'exposition mettant le public à même de se rendre compte de l'état et de la nature des objets, il ne sera reçu aucune réclamation une fois l'adjudication prononcée.

Paris. — Imprimerie Ménard & Chaufour, 8-10, rue Milton

DÉSIGNATION

BIJOUX

1 — Paire de très belles dormeuses formées de deux gros brillants solitaires montés à griffes.

2 — Paire de boucles d'oreilles formées de deux grosses perles solitaires surmontées chacune d'un petit brillant.

3 — Bracelet formant bandeau de coiffure, composé d'un rang de trente brillants montés à griffes entre deux rangs de petits brillants et de roses sertis clos.

4 — Jolie broche barrette avec guirlande mouvante composée de vingt brillants, enrichie d'une perle forme poire.

5 — Grande broche forme flèche en brillants avec perle grise au centre montée sur un double entourage de brillants.

6 — Bracelet or enrichi de dix brillants avec applique forme trèfle en perle rose et perles grises entourage en brillants, se démontant pour servir de broche ou de pendentif.

7 — Paire de boucles d'oreilles formées de deux turquoises de Hongrie entourées chacune de quatorze brillants.

8 — Collier modèle gourmette en or enrichi de dix rosaces en turquoises taillées, brillants et roses.

9 — Bracelet dessin à arabesques, entre deux rangs de roses, enrichi au centre de trois brillants montés à griffes.

10 — Bague dite jumelle enrichie d'un brillant et d'un saphir montés à griffes et de six petits brillants.

11 — Bague deux corps enrichie d'un saphir, de cinq brillants montés à griffes et de seize roses sur le corps.

12 — Bague marquise toute en brillants.

13 — Bague marquise toute en brillants avec perle au centre.

14 — Broche forme serpent s'enroulant autour d'un clou tout en roses avec gros saphir étoilé au centre.

15 — Broche forme bourdon en brillants, rubis et perles.

16 — Broche forme croissant composée de topazes roses, d'algues marines et de roses.

17 — Peigne de coiffure en écaille blonde avec couronne en perles, saphirs et roses.

18 — Broche ou ornement de coiffure forme étoile en brillants.

19 — Bague large corps résille, et bandeau en roses avec perle blanche et deux saphirs au centre.

20 — Bague avec rosaline au centre entourée de brillants.

21 — Broche forme tambourin en or mat avec tête de chat entourée de roses.

22 — Broche avec miniature, tête de jeune fille d'après GREUZE, entourage à nœuds de rubans en roses.

23 — Bracelet cercle en or avec perle blanche.

24 — Broche forme tulipe avec feuillage, toute en roses.

25 — Crochet de montre et montre en or mat enrichis de gros grenats cabochons entourés de roses.

26 — Broche or et platine forme fer à cheval enrichie de saphirs et de brillants.

27 — Broche forme hanneton enrichie de roses.

28 — Bracelet en or massif forme torsade, travail égyptien.

29 — Porte-mine en or gravé, poussoir orné d'une turquoise. Époque Ier Empire.

30 — Flacon monture or, enrichi d'un gros grenat cabochon entouré de roses.

ARGENTERIE

31 — Pot à eau et cuvette en argent, décor à côtes tournantes et rocailles, anse ornée de feuillages. Style Louis XV, de la maison Boin-Taburet.

32 — Légumier avec couvercle et plateau en argent, décor feuille de choux et rocailles. Style Louis XV.

33 — Cafetière, théière, sucrier et pot à crème en argent, modèle à côtes tournantes.

34 — Bel huilier en argent, modèle bateau avec porte-burettes ornés de guirlandes reliées à des consoles. Epoque fin Louis XVI.

35 — Joli coffret à dos bombé en argent repercé et ciselé, dessin à arabesques de fleurs et de feuillages avec mascarons au

centre et cariatides aux angles. Travail de style Renaissance.

36 — Deux salières fermant à charnières, forme coquilles à rocailles fleuronnées. Epoque Louis XV.

37 — Bel écritoire en argent repoussé sur plateau adhérent. Style rocaille.

38 — Porte-plume en argent avec écusson et couronne.

39 — Paire de jolis flambeaux en argent ciselé, forme Louis XV, de la maison Boin-Taburet.

40 — Beau sucrier en argent porté par trois cariatides ailées. Epoque Ier Empire.

41 — Cafetière en argent, pieds ornés de corbeilles fleuries sur têtes de sphinx. Bec à tête de bélier. Epoque Ier Empire.

42 — Saucière sur plateau adhérent, forme Louis XV de la maison Boin-Taburet.

43 — Plateau à pain en argent repoussé et ciselé, décor à rocailles. Style Louis XV de la maison Boin-Taburet.

44 — Deux coquilles à fruits en argent et vermeil décor rocaille de la maison Boin-Taburet.

45 — Deux coupes à fruits en cristal sur pieds, en argent ciselé, de la maison Guerchet.

46 — Ménagère en argent avec flacons en cristal rehaussé d'or, de la maison Boin-Taburet.

47 — Ecuelle à anses plates en argent.

48 — Service à liqueurs : plateau et six verres à anses en argent. Style rocaille.

49 — Paire de bouts de table en argent, modèle à amours, guirlandes et écussons avec pyramides. Style Louis XVI.

50 — Verre en cristal gravé avec médaillon enrubanné, décor à guirlandes enchassé sur plateau en vermeil, ciselé, de style Louis XVI.

51 — Aiguière à vin en cristal, montée en argent, décor rocailles et écusson. Style Louis XV de la maison de Boin-Taburet.

52 — Deux carafons à liqueurs en cristal rehaussé d'or avec monture et bouchon en vermeil finement ciselé de style Louis XVI, de la maison Guerchet.

53 — Jardinière en cristal gravé, forme lobée monture en argent décor à rocailles, fleurs et feuillage à jour. Style Louis XV de la maison Guerchet.

54 — Timbale en argent gravé. Époque Louis XIV.

55 — Sucrier en argent avec couvercle, modèle à écusson fleurs et rinceaux.

56 — Moutardier en cristal monté en argent.

57 — Paire de petits flambeaux en argent. Louis XVI.

58 — Paire de petits flambeaux en argent, forme colonnettes, sur pieds carrés, ornés de guirlandes. Louis XVI.

59 — Petit baguier en argent bord ajouré. Style Louis XV.

60 — Petit baguier à deux anses en argent, forme rocaille. Style Louis XV.

61 — Petite pince à sucre en argent gravé.

62 — Service de table en argent ciselé, décoré de mascarons et d'écussons. Style

Louis XVI composé de : 12 cuillers et 24 fourchettes de table; 1 louche; 12 fourchettes et 6 cuillers à entremets; 6 cuillers à café; Service à hors-d'œuvres de 4 pièces; Pelle à asperges; Pelle à gâteaux; Service à poisson; 18 grands couteaux de table à lames d'acier, manches argent; 12 couteaux à dessert dont 6 à lames et manches en argent.

TABLEAUX, DESSINS, AQUARELLES

CAZIN (J.-E.)

63 — *Moulin au bord d'un canal. Vue de Hollande.*

Signé à gauche.

DETAILLE (ÉDOUARD)

64 — *Trompette d'artillerie de la Garde.*

Aquarelle.

Signée à droite.

DETAILLE (Édouard)

65 — *Highlander jouant de la cornemuse.*

Dessin à la plume.

Signé à droite.

DROUAIS (École de)

66 — *Jeune dame de qualité assise sur un fauteuil et feuilletant un livre intitulé : l'Amour.*

Regardant presque de face, coiffée à la poudre avec aigrette, vêtue d'une robe bleue gracieusement décolletée avec ruché rose autour du cou.

Pastel.

DUEZ (E.)

67 — *Pleine mer.*

Deux belles aquarelles. Signées

DUPRAY (H.)

68 — *Dragon en vedette et détachement s'éloignant sur une route.*

Signé à gauche.

DUPRÉ (VICTOR)

69 — *Paysages.*

Deux pendants signés à droite.

ÉCOLE FRANÇAISE DU XVIIIe SIÈCLE

70 — *Portrait d'un gentilhomme en habit bleu, coiffé d'une perruque poudrée.*

Toile ovale.

Cadre en bois sculpté.

ÉCOLE FRANÇAISE DU XVIIIe SIÈCLE

71 — *Portrait de dame de qualité en robe de soie bleu pâle à corsage décolleté coiffure haute avec gaze et aigrette.*

Toile ovale.

ÉCOLE FRANÇAISE DU XVIIIe SIÈCLE

72 — *Portrait de jeune femme en robe de soie bleu clair à corsage décolleté coiffure légèrement poudrée avec ruban rose dans les cheveux, la tête tournée vers la gauche regardant presque de face.*

Toile ovale.

ÉCOLE FRANÇAISE DU XVIIIe SIÈCLE

73 — *Portrait de femme en robe blanche, coiffure légèrement poudrée avec ruban bleu dans les cheveux.*

Toile ovale,

ÉCOLE FRANÇAISE

74 — *Portrait de jeune femme en robe rose, corsage décolleté et regardant de face, plume et ruban dans les cheveux.*

Toile ovale.

ISABEY (Attribué à E.)

75 — *Le Naufrage.*

LAMY (Eugène)

76 — *Surprise au retour de la chasse chez le roi.*

Aquarelle. Signée du monogramme à gauche.

LE-BLANT

77 — *Le Vieux Chouan.*

Joli dessin rehaussé d'aquarelle.
Signé à droite.

LEFEBVRE (Jules)

78 — *Le Titien baisant la main de la duchesse de Ferrare représentée nue debout au chevet de son lit.*

LESREL (A.)

79 — *Le Joyeux buveur.*

En riche costume Louis XIII il tient d'une main une coupe d'orfévrerie et de l'autre un vidrecome en ivoire; représenté debout sur fond de draperie rouge.

Signé à droite et daté 1881.

LHERMITTE

80 — *L'Enfant et sa grand'mère.*

Important dessin. Signé à droite.

MADELEINE LEMAIRE

81 — *Fleurs de pommiers.*

Aquarelle. Signée à droite.

MALLER

82 — *Chien en arrêt.*

Aquarelle. Signée à droite.

DE NEUVILLE (ALPH.).

83 — *Soldats français au bivouac et têtes de soldats allemands.*

Dessin à la plume.
Etude. Signée à droite.

DE PENNE (O.)

84 — *En Chasse.*

Aquarelle. Signée à dro

PUJOL (PAUL)

85 — *Intérieur d'Église.*

Aquarelle. Signée à droite et datée 1886.

ROSALBA (LA)

86 — *Le Printemps.*

87 — *L'Été.*

Deux allégories représentées sous les traits de jeunes femmes, l'une respirant le parfum d'une fleur, l'autre ayant des épis de blés dans les cheveux.

Deux pastels se faisant pendants.

TIEPOLO (Attribué au)

88 — *Vénus rend visite à Vulcain qui forge les armes de Mars.*

VAN LOO (École de Michel)

89 — *Portrait de dame en corsage décolleté avec manteau garni de fourrure, voile de gaze et aigrette dans les cheveux, parée de perles.*

Cadre en bois sculpté et doré.

VEYRASSAT (J.)

90 — *Le Bac.*

91 — *La Moisson.*

Deux pendants. Signés à droite.

PORCELAINES ET FAIENCES

92 — Beau vase cylindrique en vieux Chine, décor à paysages en bleu sur blanc, monture en bronze doré.

93 — Paire de candélabres formés par des groupes de nymphes en biscuit avec bouquets à trois lumières en bronze. Style Louis XV.

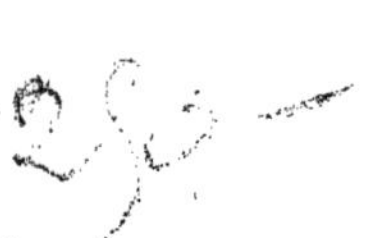

94 — Plat en vieux Chine, décor à rehauts d'or représentant : Le Baptême.

95 — Plat en vieux Chine, décoré d'objets d'ameublement en polychrome et or.

96 — Figurine en porcelaine : Le Joueur de vielle.

97 — Figurine en vieux Saxe : Femme orientale.

98 — Figurine de Mayence : Personnage portant un livre.

99 — Deux figurines en blanc de Naples : Personnages des comédies de Molière.

100 — Grand groupe à scènes champêtres avec vase à brûle-parfums en blanc de Frankenthal.

101 — Vase en porcelaine vieux Paris, décor à médaillons, trophées champêtres et guirlandes.

102 — Figurine de petit Chinois les mains fourrées dans une tête de phoque en ancien blanc de Chine.

103 — Paire de petits vases en vieux Paris. Époque Ier Empire, décor à rehauts d'or.

104 — Théière en vieux Chine, de la famille rose, décor à fleurs par compartiments.

105 — Figurine de petit jardinier en Chelsea.

106 — Deux tasses et deux soucoupes en vieux Saxe fond d'or avec sujets siamois à rehauts d'or sur fond blanc.

107 — Tasse et soucoupe anciennes de l'Inde, décor à fleurs et personnages.

108 — Tasse et soucoupe en vieux Paris, décor violet, or et amours.

109 — Petite marmite en porcelaine blanche à rehauts d'or.

110 — Petit brûle-parfums de l'Inde à personnages, monture en bronze doré.

111 — Figurine de Diane chasseresse en porcelaine moderne.

112 — Petit sucrier en porcelaine, décor à fleurs.

113 — Beurrier forme bac, décor à fleurs.

114 — Théière de l'Inde, décor à fleurs.

115 — Cheval de Delft, décor polychrome.

OBJETS DE VITRINE, MINIATURES

116 — Miniature représentant une allégorie du Printemps sous les traits d'une jeune fille tenant une corbeille de fleurs, cadre en bois sculpté et doré. XVIIIe siècle.

117 — Miniature ovale : Portrait de femme à grand chapeau. École anglaise.

118-119 — Deux miniatures rondes : Portraits d'hommes.

120 — Miniature ronde : Portrait de femme en robe bleue, coiffure à la poudre.

121 — Petite miniature ovale : Portrait de femme, coiffure poudrée avec bonnet enrubanné. Époque Louis XVI.

122 — Miniature ronde : Portrait de femme coiffée d'un bonnet, vêtue d'une robe

bleue et fichu sur les épaules. Époque Louis XVI.

123 — Miniature ovale : Portrait de femme Ier Empire. Cadre en bois doré.

124 — Miniature ovale : Portrait de petite fille dans un cadre en bronze doré du XVIIIe siècle.

125 — Miniature ovale : Portrait d'homme dans un cadre en argent à cariatides d'enfants et ornements à jour.

126 — Miniature ovale : Portrait de femme en robe bleue avec voile sur la tête.

127 — Petite miniature : Portrait d'homme en costume Louis XIII.

128 — Miniature carrée : Petite fille toute nue.

129 — Miniature ronde : Portrait de vieille femme en paysanne.

130 — Miniature ovale : La jeune Mère. Signée Mlle Jasev. Époque 1er Empire.

131 — Pièce en couleur représentant un cortège triomphal mythologique, cadre en bois et bronze doré. 1er Empire.

132 — Deux médaillons en bronze doré : Têtes de Diane et d'Apollon. Ier Empire

133 — Bonbonnière en ivoire avec fixé : Intérieur flamand.

134 — Bonbonnière en écaille avec miniature : Nymphes au bain.

135 — Très petite bonbonnière en poudre d'écaille : Tête de femme.

136 — Bonbonnière en ivoire avec bas-relief d'enfant sur le couvercle.

137 — Tabatière en écaille posée d'or et d'argent à bouquets et guirlandes de fleurs. XVIIIe siècle.

138 — Petite gravure ovale : Portrait d'homme Louis XV.

139 — Petit dessin rond : Portrait d'homme XVIIIe siècle.

140 — Deux bonbonnières en ivoire avec miniatures : Têtes de femmes.

141 — Tabatière en cailloux d'Egypte montée en argent doré à charnière.

142 — Haut-relief en cire polychrome représentant une jeune mère et son enfant.

143 — Montre en or repoussé à sujet allégorique et rocailles. Époque Louis XV.

144 — Vase en verre, décor à rehauts d'or, médaillons insectes et dessin niellé.

145 — Petit flacon en bois sculpté monté en argent. XVIIIe siècle.

146 — Tabatière en ancien émail de Saxe fond vert médaillon oiseaux.

147 — Cassolette miniature décor à fleurs, monture cuivre.

148 — Figurine de Japonais en bois sculpté.

149 — Petite figurine de Saint Jean en bois sculpté, XVIIe siècle.

150 — Singe accroupi en ivoire sculpté, travail japonais.

151 — Pendentif émaillé sur argent enrichi de pierreries. Style XVIe siècle.

152 — Jumelle monture en cuivre gravé et doré.

153 — Chope en cristal gravé.

154 — Groupe en ivoire japonais : Pêcheuse et chien.

155 — Petit étui en écaille, monture or. Époque Louis XVI.

156 — Porte-cartes en ivoire chinois entièrement sculpté en bas-relief.

157 — Petite cage en argent avec perroquet sur perchoir.

158 — Petit porte-cartes en écaille sculpté, travail chinois.

159 — Petit triptyque en ivoire offrant au centre le Christ en croix et sur les côtés un saint et une sainte.

160 — Aiguière miniature porcelaine de Chine, monture argent et très petite saucière argentée.

161 — Douze boutons en porcelaine, décor à personnages.

162 — Petit buste de femme en terre cuite. Style XVIIIe siècle.

163 — Drageoir en ancien émail de Saxe et argent. Époque Louis XV.

164 — Éventail peint sur ivoire avec médaillon : la Déclaration, et applications d'or. XVIIIe siècle.

165 — Éventail Louis XVI, feuille représentant le repos champêtre, monture en ivoire décoré.

166 — Eventail Louis XVI, feuille à scène biblique, monture en ivoire ajouré.

167 — Eventail représentant Diane et les nymphes surprises par Actéon, monture ivoire et nacre.

168 — Trois éventails Louis XVI et 1er Empire.

169 — Verre gravé à figure d'amour et écusson. 1er Empire.

170. — Miniature ovale : Portrait de femme avec couronne de fleurs dans les cheveux.

171 — Email peint en grisaille et rehaussé d'or représentant Persée venant délivrer Andromède. Style XVIe siècle.

172 — Petit reliquaire en bronze doré à figures d'amours avec miniature tête de femme. Epoque 1er Empire.

BRONZES, MARBRES, BOIS SCULPTÉS

173 — Paire de beaux candélabres en bronze formés par des personnages sur des éléphants en chine, décor flambé, montés sur des terrassements à rocailles et au milieu de quatre branches de lumières élégamment contournées inspirés des modèles de CAFFIERI. Style Louis XV.

174 — Jolie pendule forme monument en marbre blanc et bronze doré surmontée

de motifs à rinceaux enguirlandés avec oiseaux. Cadran signé PIOLAINE, à Paris. Epoque Louis XVI.

175 — Jolie pendule en marbre blanc et bronze doré. Le mouvement surmonté d'un trophée de carquois et de torches, orné dans le bas d'une draperie et monté entre deux fûts de colonnes sur lesquels sont posées deux statuettes de femmes drapées. Epoque Louis XVI.

176 — Paire de jolis bras d'appliques Louis XVI en bronze doré à deux lumières représentant deux vases avec médaillon et draperie d'où s'échappent des gerbes de fleurs.

177 — Paire de flambeaux à fuseaux et pieds tors en bronze. Epoque Louis XVI.

178 — Deux petites coupes en porcelaine de l'Inde, décor à personnages, montures en bronze doré. Style Louis XVI.

179 — Paire de cassolettes formant flambeaux en marbre blanc, montures en bronze doré forme trépieds avec guirlandes de fleurs. Louis XVI.

180 — Paire de chenets formés de sphinx couchés en bronze à patine foncée sur socles en bronze doré. Epoque 1er Empire.

181 — Paire de beaux chenêts en bronze doré, modèle brûle-parfums, enguirlandés de lauriers avec accessoires. Époque Louis XVI.

182 — Pendule à clochetons à quatre faces en cuivre gravé et doré. Fin du XVIe siècle.

183 — Réveil en bronze orné d'un soleil et de gerbes de feuillage. XVIIIe siècle.

184 — Joli cartel en bronze doré, modèle à rocaille avec gerbes de fleurs et de feuillage. Cadran signé de DEVILLE, à Paris. Époque Louis XV.

185 — Paire de girandoles à trois lumières en bronze argenté Louis XV.

186 — Figurine en bronze doré : L'Enfant et l'Oiseau, sur socle rocaille.

187 — Lionne marchant, bronze vert, de Barye.

188 — Petit buste de Flore en bronze à patine verte rehaussée d'or par parties, sur socle en marbre d'Egypte. Attribué au XVIIIe siècle.

189 — Vase à quatre faces en bronze chinois, fond gravé sur socle.

190 — Deux sphinx en bronze.

191 — Buste en marbre : *Regrets*, de Carrier Belleuse.

192 — Trois bas-reliefs en noyer sculpté, représentant : Saint Jean prêchant, une

Annonciation et une Invocation. xviie siècle. Encadrés.

193 — Cadre en bois sculpté et doré, dessin à coquilles et enroulements. xviiie siècle.

194 — Garniture de cheminée en bronze patine foncée et parties dorées, composée : d'une pendule avec figure de Sapho assise, et deux candélabres à trois lumières forme lampes romaines. Époque 1er Empire.

195 — Paire de flambeaux forme de gaînes en bronze patine noire surmontées de trois têtes de femmes avec base et bobèches en bronze doré. Époque Ier Empire.

196 — Paire d'appliques à trois lumières en bronze doré. Ier Empire.

197 — Paire de chenêts, modèle Sphinx en bronze doré sur socles à têtes de Méduses,

cornes d'abondance et arabesques en bronze ciselé et doré. Style Louis XVI.

198 — Veilleuse portée par une figurine d'amour tenant une torche en bronze ciselé et doré. Ier Empire.

199 — Groupe en bronze doré représentant : L'Impératrice Marie-Louise et le petit roi de Rome, sur socle en marbre. Ier Empire.

200 — Encrier forme presque sphérique supporté par trois dauphins en bronze doré. Ier Empire.

201 — Deux vases forme ovoïde en bronze ciselé patine noire. Ier Empire.

202 — Statuette de Polymnie en bronze.

203 — Seau en cuivre repoussé sur trépieds en fer forgé Louis XIII.

204 — Lustre flamand à six lumières en cuivre. Fin XVIe siècle.

MOBILIER

205 — Jolie table en bois sculpté rehaussé de blanc ornée de guirlandes de fleurs, piétement relié par un croisillon avec brûle-parfum au milieu des anses duquel se rattachent des guirlandes de chêne, dessus en marbre blanc. Époque Louis XVI.

206 — Joli meuble formant secrétaire fermant en haut et en bas à deux portes en marqueterie de bois de luxe, offrant sur le devant dans un médaillon, un trophée de carquois et de torches sous un palanquin à draperie, garni de bronzes, dessus en marbre blanc. Époque Louis XVI.

207 — Commode à deux tiroirs élevée sur pieds à contours en marqueterie de bois de luxe, dessin à trophée de musique et draperie sur le panneau du devant en

ressaut ; et sur les côtés des carrelages mosaïques, garnie de bronzes dorés, dessus en marbre blanc. Louis XVI.

208 — Très beau meuble bibliothèque ou vitrine en bois d'acajou moucheté richement orné de bronzes ciselés et dorés, frise à Sphinx et soleil au milieu d'arabesques, applique à brûle-parfums avec torchère enguirlandée de fleurs, autres à couronnes de lauriers et de chêne, dessus avec balustrade en bronze. Style Louis XVI de la maison Roux.

209 — Jolie petite table rectangulaire en bois de violette richement garni de bronzes ciselés et dorés, bas-reliefs à jeux d'enfants et guirlandes de fleurs reliées à des têtes de lions. Style Louis XVI, travail de la maison Roux.

210 — Très jolie commode à trois tiroirs en bois rose de forme cintrée avec poignées, entrées de serrures et chûtes en bronze

doré. Dessus en marbre rouge veiné. Epoque Louis XV.

211 — Meuble à deux corps en marqueterie hollandaise, le bas fermant à portes pleines décorées de fontaines, oiseaux et fleurs ; le haut formant vitrine à pans coupés et à étagères garnies de point à l'aiguille. XVIIIe siècle.

370 —

212 — Joli meuble à deux corps en bois de noyer finement sculpté, d'aspect architectural d'après Jean Goujon ouvrant à quatre portes offrant en bas-relief des figures allégoriques aux Saisons, avec médaillons à sphinx. Au fronton deux tiroirs avec nymphes couchées en bas-relief, couronnement, dans une niche une statuette de nymphe armée. Orné de colonnettes de chaque coté et sur ses profils.

900 —

213 — Meuble à deux corps en bois de noyer sculpté ouvrant à quatre portes, offrant

500 —

en bas-relief des figures allégoriques aux Saisons, orné d'incrustations de marbre vert. Style XVIe siècle.

214 — Meuble de salon composé d'un canapé et quatre fauteuils en bois sculpté, couverts de tapisserie au petit point à fleurs et festons de rubans en partie de l'Epoque Louis XVI.

215 — Ecran avec panneau en tapisserie au point et au petit point représentant la Toison d'or, encadrement à ramages et ornements Louis XVI.

216 — Deux chaises à hauts dossiers en noyer, pieds à croisillons, couvertes en velours de Gènes rouge ton sur son. Epoque Louis XIII.

217 — Deux fauteuils en bois sculpté dessin à coquilles fleuronnées foncés de canne. Epoque Louis XV.

218 — Deux bergères en bois sculpté et doré Louis XV avec dessins, et couvertes en soierie, l'une fond crème, l'autre fond saumon brochée à fleurs.

219 — Deux chaises à hauts dossiers en bois de noyer couvertes de tapisserie au point dessin à grands ramages.

220 — Paravent à trois feuilles à double face, en soierie ancienne fond crème, brochée à fleurs encadrées de velours vert.

221 — Deux fauteuils en bois sculpté couverts de tapisserie au point et au petit point. Médaillons à personnages représentant l'un une scène de triomphe, l'autre Persée et Andromède, des animaux et des grands ramages. Epoque Louis XV.

222 — Fauteuils époque Louis XVI en bois sculpté, rechampi de blanc, couvert en satin rayé cerise et blanc, broché à fleurs.

223 — Deux fauteuils dossiers à médaillons en bois sculpté rechampi de blanc couverts en tapisserie au petit point, médaillons à bouquets de fleurs encadrés de fleurs. Epoque Louis XVI.

224. — Glace d'entre-d'eux avec cadre en bois sculpté et doré. Fronton à vases de fleurs et rinceaux. Epoque Louis XVI.

225 — Très beau lit forme bateau en bois d'acajou garni de bronzes ciselés et dorés représentant de chaque côté des cygnes tenant dans leur bec des thyrses de feuillages et de rinceaux, au dessous une grande frise avec médaillon central à tête de femme accosté de deux gerbes de feuillages, le haut à rosaces et les pieds enveloppés de feuilles d'acanthe. Époque Ier Empire.

226 — Magnifique décoration de lit composée de grands rideaux avec draperie en brocatelle à grand ramages rouges sur fond

bouton d'or avec rideaux de dessous et fond de lit en soie bouton d'or garnis de franges assorties, couvre-lit de même soierie avec bandes en brocart rouge broché d'or.

227 — Décor de croisée, tenture murale flottante, amplement drapée, cantonnière formant décor de glace, et plafond en satin de nuance asssortie avec bandes de brocart garnis de passementeries et broderies.

228 — Deux rideaux transparents de croisée en soie cerise garnis de franges.

229 — Psyché en bois d'acajou garnie de bronzes ciselés et dorés avec appliques à deux lumières. Époque Ier Empire.

230 — Secrétaire en bois d'acajou garni de bronzes dorés. Epoque Ier Empire.

231 — Table à ouvrage en bois d'acajou ornée de bronzes dorés. Époque Ier Empire.

232 — Cheminée en marbre noir veiné jaune garnie de bronzes dorés montants en forme de gaînes surmontées de bustes de femmes. Époque Ier Empire.

233 — Fauteuil et deux chaises en bois d'acajou ornés de bronzes dorés, desssus en brocatelle fond rouge à dessin jaune. Ier Empire.

234 — Grand meuble formant dressoir et buffet ouvrant dans le bas et dans le haut à trois portes en bois sculpté à ornements. A gauche, orné d'une fontaine en étain : Enfant sur un Dauphin avec bassin forme coquille, à hauteur d'appui, le fond en retrait formant étagère avec rangée de tiroirs, le corps du haut supporté par trois colonnes torses. Époque Louis XIII.

235 — Beau meuble à deux corps, d'aspect architectural en bois sculpté, ouvrant à quatre portes offrant en bas-relief des cavaliers en armure, les montants et les

frises à chûtes de fleurs et de fruits, couronné par un fronton très ornementé. Époque Louis XIII.

236 — Grand coffre en bois sculpté à ogives avec saillies à clochetons. Travail gothique.

237 — Crédence de style Renaissance avec montants à cariatides et colonnettes surmontées de chapiteaux, ouvrant à deux portes et trois tiroirs, tout en marqueterie de nacre et d'écaille, dessin mosaïque orientale et ancienne.

238 — Petit canapé à bois tors, dessus et dossier couverts en tapisserie de la Renaissance à petits personnages dans des parcs et chûtes de fruits sur les côtés.

239 — Six chaises en bois sculpté, style Louis XIV, décor à coquilles fleuronnées foncées de canne, pieds à croisillons, accompagnées de petits coussins en brocatelle verte.

240 — Ecran en bois sculpté forme Louis XIV avec panneau en tapisserie au point et au petit point, représentant : Le Char de Flore dans un médaillon encadré de grands ramages.

241 — Boîte d'applique en bois sculpté offrant en bas-relief des trophées de musique et des poissons. XVIIe siècle.

242 — Boîte à sel en bois sculpté. XVIIe siècle.

243 — Pendule de forme dite religieuse en bois de palissandre, garnie de bronzes dorés, surmontée d'une figurine de guerrier. Époque Louis XIII.

244 — Grande et belle armoire en bois sculpté à encadrements rocailles et gerbes fleuries avec écusson au fronton. Époque Louis XV.

245 — Console en bois d'acajou ornée de bronzes dorés avec glace au fond. Époque Ier Empire.

246 — Meuble à deux corps en bois sculpté ouvrant à deux portes, fronton à consoles renversées. Époque Louis XIII.

247 — Coffre de poèle ou de cheminée en bois de noyer, le haut d'aspect architectural avec portrait d'homme en armure.

248 — Petite toilette duchesse en palissandre avec filets de bois de citronnier. Époque Ier Empire.

TAPISSERIES, ÉTOFFES

249 — Suite de cinq belles tapisseries représentant des paysages accidentés arrosés par des cours d'eau, animés de volatiles avec vues de chateaux et de villages. Bordures à motifs décoratifs à ornements et fleurs, coupes chargées de fruits. Époque Régence.

250 — Grande décoration de baie en tapisserie de la Renaissance représentant des scènes à petits personnages, des figures allégoriques au milieu de motifs à vases de fruits et à cariatides, l'extrême bordure fleurdelisée.

251 — Grande tapisserie du XVIIe siècle, composition de cinq personnages, bordure à motifs décoratifs fleurs et fruits.

252 — Quatre panneaux en tapisserie d'Aubusson moderne représentant des bouquets de fleurs et des fruits sur des écussons à ruches d'abeilles agrémentés de guirlandes de vignes et tout autour encadrés de rinceaux enguirlandés de fleurs.

253 — Couvre-lit en soie bleue moirée rayée blanc et brochée à fleurs. Époque Louis XVI.

254 — Bande en brocart vert broché à corbeilles de fruits et fleurs.

255 — Tapis de table en ancien damas de soie rouge.

256 — Objets omis.